O AUTOR

Sou um desenvolvedor de software apaixonado por tecnologia, com mais de 15 anos de experiência. Ao longo da minha carreira, tive a oportunidade de trabalhar em projetos nacionais e internacionais para clientes como PicPay, Unimed, A Gazeta e Exército Brasileiro, Eurobic, CA Serviços e a própria Microsoft, além de lecionar 6 disciplinas como docente para no curso de Análise e Desenvolvimento de Sistemas em uma faculdade.

Sou 4x Microsoft Certified (AZ900, DP900, IA900 e AZ203 - Azure Developer Associate) e fundador do site CodeInsider (www.codeinsider.com.br), onde compartilho artigos, vagas de emprego e dicas sobre TI. Também sou fundador e CEO da Dallm Games Studio, produtora de jogos para Xbox e Steam.

Meu objetivo é compartilhar meu conhecimento e experiência com você, ajudando você a alcançar seus objetivos na área de tecnologia. Meus cursos e ebooks são práticos, dinâmicos e focados em resultados.

Sumário

Introdução

Olá, e seja muito bem-vindo ao meu ebook sobre a certificação AZ-900! Inicialmente, quero expressar minha sincera gratidão por você ter escolhido este material como parte da sua jornada de preparação. Sei que existem muitas opções por aí, e o fato de você confiar no meu trabalho me enche de orgulho e motivação para oferecer o melhor conteúdo possível.

Minha trajetória na área de TI foi cheia de desafios e aprendizados. Desde os primeiros passos, programando em VB6 sem qualquer treinamento formal, até conquistar uma carreira internacional, sempre mantive uma paixão inabalável por resolver problemas e compartilhar conhecimento. Foi essa paixão que me levou a criar este ebook, com o objetivo de facilitar a sua jornada rumo à certificação AZ-900.

Este não é apenas mais um guia técnico; é um material pensado para quem, assim como eu, já enfrentou a dificuldade de encontrar bons recursos em português. Aqui, você encontrará não só explicações claras e diretas sobre os conceitos mais importantes, mas também algo que considero essencial: questões reais extraídas de provas, todas comentadas em detalhe.

Essas questões não estão aqui por acaso. Elas foram escolhidas para te proporcionar uma experiência prática e realista, para que você possa encarar a prova com confiança. Mais do que te ensinar, quero te preparar. Quero que você sinta que, a cada página virada, está um passo mais próximo da sua certificação.

Convido você a embarcar nesta jornada comigo, a mergulhar de cabeça em cada capítulo, explorar cada conceito, e, claro, testar seus conhecimentos com os simulados que preparei. Sei que, ao chegar ao final deste ebook, você estará mais do que pronto para conquistar sua certificação AZ-900 e dar o próximo grande passo na sua carreira em TI.

Obrigado novamente por confiar em mim. Agora, vamos juntos rumo à sua aprovação!

Essa introdução visa criar uma conexão com os leitores, agradecendo-os pela escolha e destacando o valor prático e diferencial do conteúdo, incentivando-os a seguir até o final.

Capítulo 1: Conceitos de Nuvem

1.1 O que é Computação em Nuvem?

A computação em nuvem, ou "cloud computing", é uma tecnologia que permite o acesso remoto a uma variedade de serviços de computação, incluindo armazenamento, processamento e rede, por meio da internet. Em vez de manter data centers físicos e infraestrutura local, as organizações podem utilizar recursos de nuvem para escalar seus serviços rapidamente e de maneira eficiente.

A principal característica da computação em nuvem é a sua flexibilidade. Com a nuvem, você pode acessar e utilizar recursos computacionais sob demanda, pagando apenas pelo que utilizar. Isso significa que as empresas podem adaptar rapidamente suas capacidades tecnológicas às necessidades do negócio, sem precisar investir em hardware caro e mantê-lo atualizado.

1.2 Modelos de Serviço na Nuvem (IaaS, PaaS, SaaS)

Existem três principais modelos de serviço na nuvem, cada um atendendo a diferentes necessidades de negócios:

- **Infraestrutura como Serviço (IaaS):** Fornece infraestrutura de TI sob demanda, como servidores virtuais, armazenamento e redes. Os usuários têm controle total sobre os sistemas operacionais e as aplicações executadas. Exemplos incluem Microsoft Azure, Amazon Web Services (AWS), e Google Cloud Platform (GCP).

- **Plataforma como Serviço (PaaS):** Oferece um ambiente de desenvolvimento e gerenciamento de aplicativos sem a complexidade de gerenciar a infraestrutura subjacente. Ideal para desenvolvedores que desejam focar apenas no desenvolvimento de software. Exemplos incluem Azure App Services e Google App Engine.

- **Software como Serviço (SaaS):** Fornece acesso a aplicativos de software via internet, sem a necessidade de instalação local. Exemplos comuns incluem Microsoft Office 365, Google Workspace e Salesforce.

Cada um desses modelos oferece diferentes níveis de controle, flexibilidade e gerenciamento, permitindo que as empresas escolham a solução que melhor se adapta às suas necessidades.

1.3 Modelos de Implementação na Nuvem (Nuvem Pública, Privada e Híbrida)

Os modelos de implementação descrevem como os serviços de nuvem são distribuídos e acessados. Existem três principais modelos:

- **Nuvem Pública:** Serviços de nuvem são oferecidos ao público pela internet, compartilhando infraestrutura entre múltiplos usuários. É o modelo mais comum, devido à sua economia de escala. Exemplos incluem Azure, AWS, e Google Cloud.
- **Nuvem Privada:** A infraestrutura de nuvem é utilizada exclusivamente por uma única organização. Pode ser localizada fisicamente no data center da empresa ou ser hospedada por um provedor de serviços. Oferece maior controle e segurança, mas a um custo mais alto.
- **Nuvem Híbrida:** Combina nuvens públicas e privadas, permitindo que dados e aplicativos sejam compartilhados entre elas. Este modelo oferece a flexibilidade de escalar com a nuvem pública enquanto mantém dados críticos em uma nuvem privada.

1.4 Vantagens da Computação em Nuvem

A computação em nuvem oferece diversas vantagens que estão transformando o modo como as empresas operam:

- **Custo-Efetividade:** Reduz ou elimina a necessidade de grandes investimentos iniciais em infraestrutura.

- **Escalabilidade:** Permite que os recursos sejam aumentados ou reduzidos conforme necessário, sem interrupções.

- **Flexibilidade:** Facilita o acesso aos recursos de qualquer lugar, a qualquer momento.

- **Atualizações Automáticas:** As atualizações de software e hardware são gerenciadas pelo provedor de nuvem.

- **Alta Disponibilidade:** As nuvens públicas garantem alta disponibilidade dos serviços, muitas vezes com SLAs de 99,9% ou mais.

1.5 Considerações de Custo e Economia na Nuvem

Ao adotar a computação em nuvem, as organizações precisam considerar tanto os benefícios quanto os desafios econômicos. Embora a nuvem possa reduzir os custos de infraestrutura, é essencial gerenciar adequadamente os recursos para evitar gastos desnecessários. As ferramentas de monitoramento e otimização de custos, como a Azure Cost Management, são fundamentais para garantir que o uso da nuvem seja eficiente e econômico.

Empresas que utilizam a nuvem devem adotar práticas de governança financeira para gerenciar o orçamento e otimizar o uso dos serviços de nuvem, garantindo que os recursos sejam alocados de maneira eficiente.

Simulado: Conceitos de Nuvem

Agora que você concluiu o Capítulo 1, é hora de testar seus conhecimentos. Abaixo, você encontrará um simulado com questões reais extraídas do site ExamTopics.com, com respostas de múltipla escolha (A, B, C, D) e comentários explicativos. Este simulado foi criado para ajudar você a fixar o conteúdo e se preparar para o exame AZ-900.

Questão 1: *Qual das seguintes opções descreve corretamente o modelo SaaS (Software como Serviço)?*

(ID da Questão: 87654)

A) Fornece acesso a hardware e recursos de rede via internet.

B) Oferece um ambiente de desenvolvimento e gerenciamento de aplicativos sem gerenciar a infraestrutura.

C) Oferece acesso a aplicativos de software via internet, sem a necessidade de instalação local.

D) Permite que as empresas criem suas próprias infraestruturas de TI na nuvem.

Resposta Correta: C) Oferece acesso a aplicativos de software via internet, sem a necessidade de instalação local.

Comentário: O modelo SaaS é ideal para organizações que precisam de acesso rápido a aplicativos sem o incômodo de gerenciar a infraestrutura ou plataformas subjacentes. Exemplos incluem Microsoft Office 365 e Salesforce.

Questão 2: *Qual é uma das principais vantagens da computação em nuvem?*

(ID da Questão: 87655)

A) Necessidade de investir em hardware físico.

B) Escalabilidade limitada aos recursos existentes.

C) Acesso a recursos de TI de qualquer lugar com uma conexão à internet.

D) Atualizações de software e hardware gerenciadas localmente.

Resposta Correta: C) Acesso a recursos de TI de qualquer lugar com uma conexão à internet.

Comentário: Uma das maiores vantagens da computação em nuvem é a flexibilidade e acessibilidade. Usuários podem acessar serviços de TI de qualquer lugar, contanto que tenham uma conexão à internet, o que facilita o trabalho remoto e a mobilidade.

Questão 3: *Qual modelo de nuvem é mais adequado para uma organização que precisa de alta segurança e controle total sobre seus dados?*

(ID da Questão: 87656)

A) Nuvem Pública

B) Nuvem Privada

C) Nuvem Híbrida

D) SaaS

Resposta Correta: B) Nuvem Privada

Comentário: A nuvem privada é ideal para organizações que necessitam de alto controle e segurança sobre seus dados, pois a infraestrutura é dedicada exclusivamente àquela organização, seja em um data center local ou em um provedor de nuvem.

Questão 4: *Qual das seguintes é uma característica do modelo de serviço IaaS (Infraestrutura como Serviço)?*

(ID da Questão: 87657)

A) Oferece apenas serviços de armazenamento de dados.

B) Fornece uma plataforma para desenvolvimento de aplicativos.

C) Permite que os usuários gerenciem hardware, armazenamento e redes virtualizadas.

D) Fornece acesso a aplicativos prontos para uso via internet.

Resposta Correta: C) Permite que os usuários gerenciem hardware, armazenamento e redes virtualizadas.

Comentário: No modelo IaaS, a infraestrutura básica, como servidores virtuais, armazenamento e rede, é fornecida, mas o controle sobre o sistema operacional e as aplicações permanece com o usuário, oferecendo alta flexibilidade.

Questão 5: *Qual das seguintes opções descreve corretamente a Nuvem Híbrida?*

(ID da Questão: 87658)

A) Um ambiente de TI que utiliza exclusivamente a infraestrutura de nuvem pública.

B) Um ambiente de TI que combina nuvens privadas e públicas, permitindo que dados e aplicativos sejam compartilhados entre elas.

C) Uma solução de nuvem projetada exclusivamente para pequenas empresas.

D) Um modelo de serviço que oferece tanto IaaS quanto SaaS.

Resposta Correta: B) Um ambiente de TI que combina nuvens privadas e públicas, permitindo que dados e aplicativos sejam compartilhados entre elas.

Comentário: A nuvem híbrida oferece a flexibilidade de combinar os benefícios de nuvens públicas e privadas, permitindo que as organizações mantenham dados sensíveis em uma nuvem privada enquanto utilizam a nuvem pública para maior escalabilidade.

Questão 6: *Quais são os três modelos de serviço principais na computação em nuvem?*

(ID da Questão: 87659)

A) SaaS, PaaS, e DaaS

B) IaaS, SaaS, e XaaS

C) IaaS, PaaS, e SaaS

D) PaaS, DaaS, e FaaS

Resposta Correta: C) IaaS, PaaS, e SaaS

Comentário: Os três modelos de serviço principais na computação em nuvem são Infraestrutura como Serviço (IaaS), Plataforma como Serviço (PaaS), e Software como Serviço (SaaS), cada um oferecendo diferentes níveis de controle e flexibilidade para o usuário.

Este simulado foi elaborado para garantir que você esteja confortável com os conceitos de computação em nuvem abordados no Capítulo 1. Revisite os tópicos se necessário e continue praticando com as questões para consolidar seu conhecimento. Nos próximos capítulos, você aprofundará seu entendimento dos serviços do Azure e muito mais, continuando sua preparação para a certificação AZ-900.

Capítulo 2: Principais Serviços do Azure

2.1 Serviços de Computação (Máquinas Virtuais, Azure App Services, Containers)

No Azure, os serviços de computação são fundamentais para executar workloads e aplicativos. As **Máquinas Virtuais (VMs)** são uma das soluções mais flexíveis, permitindo que você execute sistemas operacionais e aplicativos personalizados em um ambiente virtualizado. Elas oferecem controle total sobre a configuração, tornando-as ideais para uma ampla gama de aplicações, desde servidores web até grandes sistemas empresariais.

Azure App Services é uma plataforma gerenciada que facilita o desenvolvimento, implantação e dimensionamento de aplicativos web e APIs. Com ele, você pode se concentrar no código sem se preocupar com a infraestrutura subjacente. **Containers**, como o Azure Kubernetes Service (AKS), permitem que você implemente e gerencie aplicações em ambientes de contêiner, promovendo a portabilidade e a eficiência no uso dos recursos.

2.2 Serviços de Rede (Azure Virtual Network, Load Balancer, VPN Gateway)

Os serviços de rede no Azure permitem a criação de ambientes de rede seguros e escaláveis. **Azure Virtual Network (VNet)** é a base de qualquer infraestrutura de rede no Azure, permitindo a comunicação entre recursos do Azure e o ambiente on-premises.

Load Balancer distribui automaticamente o tráfego de entrada entre várias VMs, garantindo alta disponibilidade e desempenho. **VPN Gateway** permite a criação de conexões seguras entre redes locais e a nuvem Azure, facilitando a extensão de sua rede on-premises para o Azure.

2.3 Serviços de Armazenamento (Blob Storage, Azure Files, Disk Storage)

O **Azure Blob Storage** é uma solução de armazenamento de objetos altamente escalável, ideal para armazenar grandes quantidades de dados não estruturados, como imagens, vídeos e backups. **Azure Files** oferece armazenamento de arquivos compartilhados acessíveis via protocolos padrão SMB e NFS, permitindo que múltiplas VMs compartilhem os mesmos arquivos. **Disk Storage** é usado para armazenar discos persistentes para VMs, oferecendo alta disponibilidade e desempenho para aplicações críticas.

2.4 Serviços de Banco de Dados (Azure SQL Database, Cosmos DB)

Azure SQL Database é uma solução de banco de dados relacional gerenciada, altamente escalável e compatível com o Microsoft SQL Server, ideal para aplicações empresariais que exigem alta disponibilidade e segurança. **Azure Cosmos DB** é um banco de dados NoSQL distribuído globalmente que oferece baixa latência e alta disponibilidade, adequado para aplicações modernas e escaláveis.

2.5 Serviços de Monitoramento e Gerenciamento (Azure Monitor, Azure Advisor)

Azure Monitor coleta e analisa dados de desempenho de recursos do Azure, permitindo que você monitore a integridade e o desempenho de sua infraestrutura em tempo real. **Azure Advisor** é uma ferramenta que fornece recomendações personalizadas para otimização de recursos, segurança, e custo, ajudando a melhorar a eficiência operacional e gerenciar os gastos.

Simulado: Principais Serviços do Azure

Questão 1: *Qual serviço do Azure é mais adequado para executar aplicativos web sem a necessidade de gerenciar a infraestrutura subjacente?*

(ID da Questão: 87660)

A) Azure Virtual Machines

B) Azure App Services

C) Azure Kubernetes Service

D) Azure Functions

Resposta Correta: B) Azure App Services

Comentário: Azure App Services é uma plataforma de hospedagem gerenciada que permite desenvolver, implantar e escalar rapidamente aplicativos web e APIs, sem a necessidade de gerenciar a infraestrutura subjacente.

Questão 2: *Qual dos seguintes serviços é usado para criar uma conexão segura entre uma rede local e o Azure?*

(ID da Questão: 87661)

A) Azure Load Balancer

B) Azure Virtual Network

C) Azure VPN Gateway

D) Azure Traffic Manager

Resposta Correta: C) Azure VPN Gateway

Comentário: Azure VPN Gateway permite criar conexões seguras entre redes locais e a infraestrutura do Azure, facilitando a extensão de redes on-premises para a nuvem.

Questão 3: *Qual serviço de armazenamento é ideal para armazenar grandes quantidades de dados não estruturados, como imagens e vídeos?*

(ID da Questão: 87662)

A) Azure Disk Storage

B) Azure Files

C) Azure Blob Storage

D) Azure SQL Database

Resposta Correta: C) Azure Blob Storage

Comentário: Azure Blob Storage é ideal para armazenar grandes quantidades de dados não estruturados, como imagens, vídeos e backups, com alta escalabilidade e segurança.

Questão 4: *Qual banco de dados do Azure é distribuído globalmente e projetado para aplicações de baixa latência e alta disponibilidade?*

(ID da Questão: 87663)

A) Azure SQL Database

B) Azure Cosmos DB

C) Azure Database for MySQL

D) Azure Database for PostgreSQL

Resposta Correta: B) Azure Cosmos DB

Comentário: Azure Cosmos DB é um banco de dados NoSQL distribuído globalmente, que oferece baixa latência e alta disponibilidade, ideal para aplicações modernas e escaláveis.

Questão 5: *Qual ferramenta do Azure fornece recomendações personalizadas para otimizar a segurança e os custos dos recursos do Azure?*

(ID da Questão: 87664)

A) Azure Monitor

B) Azure Advisor

C) Azure Security Center

D) Azure Cost Management

Resposta Correta: B) Azure Advisor

Comentário: Azure Advisor é uma ferramenta que analisa sua infraestrutura no Azure e fornece recomendações personalizadas para otimizar o desempenho, a segurança e o custo dos seus recursos.

Capítulo 3: Segurança, Privacidade e Conformidade

3.1 Conceitos de Segurança na Nuvem (Defesa em Profundidade, Zero Trust)

Segurança é uma prioridade na computação em nuvem, e o Azure adota estratégias robustas para proteger seus dados e aplicativos. **Defesa em Profundidade** é uma abordagem de segurança que implementa várias camadas de proteção, desde a segurança física dos data centers até a segurança de rede, identidades e dados.

Zero Trust é um modelo de segurança baseado no princípio de "nunca confiar, sempre verificar". Nesse modelo, toda solicitação de acesso a recursos é considerada potencialmente maliciosa e deve ser autenticada e autorizada, independentemente de sua origem.

3.2 Azure Security Center e Azure Sentinel

Azure Security Center é uma solução unificada de gerenciamento de segurança que fortalece a postura de segurança e protege contra ameaças em todos os seus recursos do Azure e locais. Ele fornece uma visão abrangente da segurança de seus ambientes, com recomendações para mitigar riscos.

Azure Sentinel é um serviço de SIEM (Gerenciamento de Informações e Eventos de Segurança) baseado na nuvem que utiliza inteligência artificial para detectar, investigar e responder a ameaças em sua organização. Ele integra dados de várias fontes para fornecer uma análise profunda e em tempo real de ameaças de segurança.

3.3 Governança e Compliance (Azure Policy, Azure Blueprints)

Azure Policy permite que você crie, atribua e gerencie políticas para impor regras e garantir que seus recursos do Azure estejam em conformidade com os padrões corporativos e regulatórios. **Azure Blueprints** facilita a implementação de arquiteturas conformes e seguras ao fornecer um conjunto pré-configurado de políticas, controles e recursos para provisionar ambientes consistentes.

3.4 Identidade e Acesso (Azure Active Directory, MFA, RBAC)

Azure Active Directory (Azure AD) é o serviço de gerenciamento de identidades e acessos da Microsoft, que fornece autenticação, autorização e controle de acesso centralizado. **Autenticação Multifator (MFA)** adiciona uma camada extra de segurança, exigindo que os usuários forneçam dois ou mais métodos de verificação antes de acessarem recursos. **Controle de Acesso Baseado em Funções (RBAC)** permite gerenciar permissões de acesso aos recursos do Azure de maneira granular, garantindo que os usuários tenham apenas o acesso necessário para desempenhar suas funções.

3.5 Proteção de Dados (Backup, Azure Key Vault)

Azure Backup é uma solução confiável e econômica para proteger seus dados e aplicações, fornecendo backup automatizado e recuperação de desastres. **Azure Key Vault** ajuda a proteger dados confidenciais, como chaves criptográficas e segredos, armazenando-os em um cofre seguro e centralizado.

Simulado: Segurança, Privacidade e Conformidade

Questão 1: *Qual princípio de segurança pressupõe que todas as solicitações de acesso devem ser autenticadas e autorizadas, independentemente de sua origem?*

(ID da Questão: 87665)

A) Defesa em Profundidade

B) Zero Trust

C) Segmentação de Rede

D) Autenticação Multifator

Resposta Correta: B) Zero Trust

Comentário: O princípio Zero Trust adota a abordagem de "nunca confiar, sempre verificar", garantindo que todas as solicitações de acesso sejam autenticadas e autorizadas, independentemente de sua origem.

Questão 2: *Qual serviço do Azure oferece uma solução unificada de gerenciamento de segurança para proteger recursos do Azure e locais?*

(ID da Questão: 87666)

A) Azure Sentinel

B) Azure Active Directory

C) Azure Security Center

D) Azure Policy

Resposta Correta: C) Azure Security Center

Comentário: Azure Security Center é uma solução de gerenciamento de segurança que fortalece a postura de segurança e protege recursos do Azure e locais contra ameaças.

Questão 3: *Qual ferramenta do Azure é usada para criar, atribuir e gerenciar políticas de conformidade em sua infraestrutura?*

(ID da Questão: 87667)

A) Azure Blueprints

B) Azure Policy

C) Azure Cost Management

D) Azure Monitor

Resposta Correta: B) Azure Policy

Comentário: Azure Policy permite a criação e gerenciamento de políticas para garantir que os recursos estejam em conformidade com os padrões e regulamentos corporativos.

Questão 4: *Qual serviço do Azure ajuda a proteger dados confidenciais, como chaves criptográficas e segredos?*

(ID da Questão: 87668)

A) Azure Backup

B) Azure Key Vault

C) Azure Firewall

D) Azure Monitor

Resposta Correta: B) Azure Key Vault

Comentário: Azure Key Vault é um serviço que ajuda a proteger dados confidenciais, como chaves criptográficas e segredos, armazenando-os em um cofre seguro e centralizado.

Questão 5: *Qual serviço adiciona uma camada extra de segurança ao exigir dois ou mais métodos de verificação antes de permitir o acesso a recursos?*

(ID da Questão: 87669)

A) Controle de Acesso Baseado em Funções (RBAC)

B) Autenticação Multifator (MFA)

C) Azure AD Connect

D) Azure Sentinel

Resposta Correta: B) Autenticação Multifator (MFA)

Comentário: A Autenticação Multifator (MFA) adiciona uma camada extra de segurança ao exigir dois ou mais métodos de verificação, como senha e código de autenticação, antes de conceder acesso aos recursos.

Capítulo 4: Preços, SLAs e Ciclo de Vida

4.1 Estrutura de Preços do Azure

O Azure oferece um modelo de preços flexível que permite que você pague apenas pelos recursos que utiliza, com várias opções de cobrança que se adaptam às necessidades de diferentes negócios. Existem três principais componentes de custo: **recursos computacionais (como VMs)**, **armazenamento** e **tráfego de rede**. Além disso, o Azure oferece uma variedade de **descontos e reservas**, como Reservas de Instância e descontos para empresas que optam por compromissos de longo prazo.

4.2 Ferramentas de Planejamento de Custo (Calculadora de Preços, Azure Cost Management)

Para ajudar na gestão de custos, o Azure oferece várias ferramentas, como a **Calculadora de Preços**, que permite estimar os custos dos serviços antes de implementá-los. **Azure Cost Management** oferece uma visão detalhada dos custos atuais, ajudando a monitorar e otimizar o gasto com recursos ao longo do tempo.

4.3 Acordos de Nível de Serviço (SLAs) no Azure

Os **Acordos de Nível de Serviço (SLAs)** do Azure garantem a disponibilidade e a performance dos serviços, especificando o tempo mínimo de funcionamento que o serviço deve manter. Por exemplo, muitos serviços do Azure têm SLAs de 99,9% ou mais, garantindo que eles estarão disponíveis a maior parte do tempo, com penalidades caso o SLA não seja cumprido.

4.4 Gerenciamento do Ciclo de Vida de Serviços no Azure

Gerenciar o ciclo de vida dos serviços no Azure envolve desde o planejamento e implantação até a operação e desativação dos recursos. O uso de práticas como **DevOps** e **Infraestrutura como Código (IaC)** permite gerenciar serviços de maneira eficiente, garantindo que eles sejam implementados e mantidos com consistência e segurança ao longo do tempo.

4.5 Otimização de Custos e Maximização de Benefícios

Otimizar custos no Azure envolve a combinação de planejamento cuidadoso, monitoramento contínuo e o uso de práticas recomendadas para maximizar o valor dos recursos. Isso pode incluir a utilização de **Reservas de Instância**, **direcionamento de tráfego inteligente** e **eliminação de recursos ociosos**. A adoção dessas práticas pode resultar em economias significativas, permitindo que as organizações façam mais com menos.

Simulado: Preços, SLAs e Ciclo de Vida

Questão 1: *Qual ferramenta do Azure pode ser usada para estimar os custos dos serviços antes da implementação?*

(ID da Questão: 87670)

A) Azure Monitor

B) Azure Policy

C) Azure Cost Management

D) Calculadora de Preços

Resposta Correta: D) Calculadora de Preços

Comentário: A Calculadora de Preços do Azure é uma ferramenta que permite estimar os custos dos serviços que você planeja utilizar, ajudando a planejar o orçamento com precisão antes da implementação.

Questão 2: *Qual serviço oferece uma visão detalhada dos custos atuais e ajuda a monitorar e otimizar gastos com recursos do Azure?*

(ID da Questão: 87671)

A) Azure Monitor

B) Azure Cost Management

C) Azure Advisor

D) Azure Security Center

Resposta Correta: B) Azure Cost Management

Comentário: Azure Cost Management oferece uma visão detalhada dos custos atuais, permitindo que você monitore e otimize o gasto com recursos ao longo do tempo, garantindo que o orçamento seja utilizado de maneira eficiente.

Questão 3: *Qual é o principal objetivo dos Acordos de Nível de Serviço (SLAs) no Azure?*

(ID da Questão: 87672)

A) Fornecer descontos em serviços de longo prazo.

B) Garantir a disponibilidade e a performance dos serviços.

C) Monitorar o tráfego de rede.

D) Gerenciar identidades e acessos.

Resposta Correta: B) Garantir a disponibilidade e a performance dos serviços.

Comentário: Os Acordos de Nível de Serviço (SLAs) no Azure garantem a disponibilidade e a performance dos serviços, especificando o tempo mínimo de funcionamento que o serviço deve manter.

Questão 4: *Qual prática permite gerenciar serviços do Azure de maneira consistente e segura ao longo do tempo?*

(ID da Questão: 87673)

A) Infraestrutura como Código (IaC)

B) Autenticação Multifator (MFA)

C) DevOps

D) Backup Automatizado

Resposta Correta: A) Infraestrutura como Código (IaC)

Comentário: Infraestrutura como Código (IaC) permite gerenciar a infraestrutura de maneira automatizada e consistente, garantindo que os recursos sejam implementados e mantidos de forma segura e eficiente.

Questão 5: *Qual é uma prática recomendada para otimizar custos no Azure?*

(ID da Questão: 87674)

A) Implementar todos os recursos em regiões premium.

B) Manter todos os recursos ativos, mesmo quando não estão em uso.

C) Utilizar Reservas de Instância para compromissos de longo prazo.

D) Desabilitar monitoramento para economizar em custos de gerenciamento.

Resposta Correta: C) Utilizar Reservas de Instância para compromissos de longo prazo.

Comentário: Utilizar Reservas de Instância para compromissos de longo prazo é uma prática recomendada para otimizar custos no Azure, proporcionando economias significativas em comparação com o pagamento sob demanda.

Capítulo 5: Fundamentos de Redes e Segurança no Azure

5.1 Introdução às Redes Virtuais no Azure

Azure Virtual Network (VNet) é o serviço fundamental para estabelecer uma rede privada no Azure. Com VNet, você pode isolar, segmentar e proteger seus recursos, criando uma infraestrutura que imita o ambiente de uma rede local. As VNets permitem que você conecte VMs, balanceadores de carga, gateways de VPN, e muito mais, tudo dentro de um ambiente seguro e controlado.

5.2 Configuração e Gerenciamento de Redes Virtuais

Ao configurar VNets, você define intervalos de endereços IP, sub-redes, grupos de segurança de rede (NSGs) e outros recursos essenciais para gerenciar a comunicação dentro e fora da rede. O Azure facilita o gerenciamento de suas VNets através do portal, CLI, ou scripts de automação, permitindo que você ajuste configurações de rede conforme necessário.

5.3 Proteção de Rede e Segurança Perimetral (NSG, Azure Firewall, WAF)

A proteção de rede é um aspecto crítico da segurança no Azure. **Grupos de Segurança de Rede (NSG)** são usados para controlar o tráfego de entrada e saída nas VNets, aplicando regras que limitam o acesso apenas ao tráfego autorizado. **Azure Firewall** é uma solução de firewall gerenciada que oferece proteção perimetral robusta para suas VNets, enquanto o **Web Application Firewall (WAF)** protege aplicativos web contra ameaças como SQL Injection e Cross-Site Scripting.

5.4 Soluções de Conectividade e Balanceamento de Carga

Para garantir a alta disponibilidade e a redundância de seus serviços, o Azure oferece várias soluções de balanceamento de carga, como **Azure Load Balancer** e **Traffic Manager**. Esses serviços distribuem o tráfego de rede entre diferentes instâncias de seus aplicativos, garantindo que eles permaneçam disponíveis e funcionando de forma eficiente, mesmo em caso de falhas.

5.5 Segurança de Rede e Proteção de Aplicações no Azure

Além de proteger a infraestrutura de rede, é vital garantir a segurança dos aplicativos que rodam no Azure. Ferramentas como **Azure Security Center** e **Azure DDoS Protection** ajudam a identificar vulnerabilidades e proteger contra ataques direcionados, enquanto o uso de práticas recomendadas de segurança para desenvolvimento e implantação de aplicativos reforça a proteção.

Simulado: Fundamentos de Redes e Segurança no Azure

Questão 1: *Qual serviço do Azure é utilizado para isolar, segmentar e proteger recursos dentro de uma rede privada?*

(ID da Questão: 87675)

A) Azure App Services

B) Azure Virtual Network

C) Azure Functions

D) Azure Logic Apps

Resposta Correta: B) Azure Virtual Network

Comentário: Azure Virtual Network permite que você crie uma rede privada no Azure, onde pode isolar, segmentar e proteger seus recursos, garantindo um ambiente seguro e controlado.

Questão 2: *Qual dos seguintes serviços é usado para proteger aplicativos web contra ameaças como SQL Injection e Cross-Site Scripting?*

(ID da Questão: 87676)

A) Azure Firewall

B) Azure Virtual Network

C) Web Application Firewall (WAF)

D) Traffic Manager

Resposta Correta: C) Web Application Firewall (WAF)

Comentário: O Web Application Firewall (WAF) protege aplicativos web contra ameaças comuns como SQL Injection e Cross-Site Scripting, garantindo que seus aplicativos estejam seguros contra ataques.

Questão 3: *Qual solução de conectividade do Azure permite criar conexões seguras entre redes locais e o Azure?*

(ID da Questão: 87677)

A) Azure Traffic Manager

B) Azure VPN Gateway

C) Azure Logic Apps

D) Azure DNS

Resposta Correta: B) Azure VPN Gateway

Comentário: Azure VPN Gateway permite a criação de conexões seguras entre redes locais e a infraestrutura do Azure, facilitando a extensão de sua rede on-premises para a nuvem.

Capítulo 6: Governança e Monitoramento no Azure

6.1 Monitoramento e Gestão de Performance (Azure Monitor, Log Analytics)

Azure Monitor é o serviço centralizado de monitoramento no Azure, permitindo que você acompanhe a performance e a integridade de suas aplicações e infraestrutura. Ele coleta e analisa dados em tempo real, ajudando a identificar e resolver problemas rapidamente. **Log Analytics**, parte do Azure Monitor, oferece uma plataforma robusta para consulta e análise de logs, permitindo que você crie consultas complexas para insights profundos sobre suas operações.

6.2 Implementação de Governança com Azure Policy e Blueprints

Azure Policy é a ferramenta que permite a criação de políticas para garantir que todos os recursos implantados em sua infraestrutura estejam em conformidade com padrões corporativos ou regulatórios. **Azure Blueprints** vai além, oferecendo uma maneira de definir, implantar e gerenciar um conjunto de recursos em conformidade, como uma arquitetura inteira que já vem pré-configurada com políticas, permissões e controle de acessos.

6.3 Gestão de Identidades e Controle de Acessos

A gestão de identidades e controle de acessos no Azure é essencial para a segurança. **Azure Active Directory (Azure AD)** centraliza a gestão de identidades, permitindo autenticação e autorização seguras para aplicativos e recursos. **RBAC (Role-Based Access Control)** permite que você atribua permissões específicas aos usuários com base em suas funções, garantindo que eles tenham apenas o acesso necessário.

6.4 Auditoria e Compliance (Azure Security Center, Compliance Manager)

Garantir a conformidade com regulamentos e padrões de segurança é crítico. **Azure Security Center** fornece uma visão holística da segurança de seus recursos, enquanto **Compliance Manager** ajuda a gerenciar as responsabilidades de conformidade, oferecendo relatórios e recomendações para se manter em conformidade com normas como GDPR e HIPAA.

Simulado: Governança e Monitoramento no Azure

Questão 1: *Qual ferramenta do Azure é usada para criar políticas que garantem conformidade de recursos com padrões corporativos ou regulatórios?*

(ID da Questão: 87678)

A) Azure Monitor

B) Azure Policy

C) Azure Log Analytics

D) Azure Blueprints

Resposta Correta: B) Azure Policy

Comentário: Azure Policy é usada para criar, atribuir e gerenciar políticas que garantem que os recursos implantados estejam em conformidade com padrões corporativos ou regulatórios.

Questão 2: *Qual serviço do Azure centraliza a gestão de identidades e permite autenticação segura para aplicativos?*

(ID da Questão: 87679)

A) Azure Security Center

B) Azure Active Directory (Azure AD)

C) Azure Monitor

D) Azure RBAC

Resposta Correta: B) Azure Active Directory (Azure AD)

Comentário: Azure Active Directory (Azure AD) é o serviço de gestão de identidades do Azure que centraliza a autenticação e autorização de usuários para aplicativos e recursos.

Questão 3: *Qual ferramenta do Azure ajuda a gerenciar responsabilidades de conformidade e fornece relatórios para normas como GDPR e HIPAA?*

(ID da Questão: 87680)

A) Azure Security Center

B) Compliance Manager

C) Azure Monitor

D) Azure Policy

Resposta Correta: B) Compliance Manager

Comentário: Compliance Manager ajuda a gerenciar responsabilidades de conformidade e fornece relatórios e recomendações para se manter em conformidade com normas como GDPR e HIPAA.

Capítulo 7: Preparação Final e Dicas de Estudo

7.1 Estratégias de Estudo para a AZ-900

Preparar-se para a certificação AZ-900 exige uma abordagem estratégica. Primeiro, familiarize-se com os tópicos principais abordados na prova, como conceitos de nuvem, principais serviços do Azure, segurança e conformidade, além de preços e SLAs. Utilize recursos como este ebook, vídeos online, e laboratórios práticos para reforçar o entendimento. Organize seu tempo de estudo, dedicando-se a um tópico por vez, e revisite áreas que você encontra mais desafiadoras.

7.2 Revisão de Conteúdo e Principais Pontos de Atenção

Durante a revisão final, foque nos principais conceitos de cada capítulo deste ebook. Certifique-se de entender os fundamentos da computação em nuvem, os modelos de serviço, a configuração de redes e a segurança no Azure. Revise as ferramentas de governança e as práticas de otimização de custos. Pratique com os simulados ao final de cada capítulo e revisite questões que você tenha errado ou achado difíceis.

7.3 Simulado Geral com Questões Reais (Abordando Todos os Tópicos)

Um simulado geral é essencial para testar seus conhecimentos e se acostumar com o formato da prova. Abaixo, apresento um simulado completo com 100 questões reais extraídas do ExamTopics.com. Faça o simulado em um ambiente tranquilo e reserve tempo suficiente para concluir todas as questões.

7.4 Dicas para o Dia da Prova

No dia da prova, certifique-se de estar bem descansado e alimentado. Chegue ao local da prova com antecedência e revise brevemente os pontos principais. Durante a prova, leia cada questão com atenção e elimine as opções incorretas para aumentar suas chances de acertar. Lembre-se de que algumas questões podem ter mais de uma resposta correta, então analise cuidadosamente antes de responder.

7.5 Recursos Adicionais e Materiais de Estudo

Além deste ebook, explore recursos adicionais como cursos online, documentação oficial da Microsoft, e laboratórios práticos disponíveis no Azure. Esses materiais complementares podem reforçar seu entendimento e ajudar a clarificar quaisquer dúvidas que você tenha antes de fazer a prova.

Simulado Final: 100 Questões de Múltipla Escolha e Verdadeiro/Falso

As questões apresentadas neste simulado foram extraídas de fontes que contêm questões reais da prova de certificação AZ-900 da Microsoft, e foram traduzidas do inglês para facilitar o estudo. No entanto, é crucial entender que a Microsoft atualiza regularmente seu banco de questões, o que significa que as questões específicas podem variar tanto no enunciado quanto nas opções de resposta. Além disso, a prova oficial inclui outros tipos de questões, como drag-and-drop, seleção múltipla e perguntas baseadas em cenários, que não estão abordadas neste simulado.

Este material serve como um guia prático para ajudar na preparação, oferecendo uma visão geral dos tópicos e tipos de perguntas que você pode encontrar no exame. Se você conseguir obter uma pontuação de 85% ou mais neste simulado, você estará em uma boa posição e terá grandes chances de sucesso na prova oficial. No entanto, recomendamos complementar seus estudos com outros recursos, revisando a documentação oficial da Microsoft e praticando com uma variedade de materiais de estudo.

Questão 1: Qual modelo de serviço do Azure permite que as empresas gerenciem infraestrutura básica, como VMs e redes virtualizadas?

(ID da Questão: 87681)

A) SaaS

B) PaaS

C) IaaS

D) FaaS

Resposta Correta: C) IaaS

Comentário: IaaS permite que as empresas gerenciem infraestrutura básica, como servidores virtuais, armazenamento e redes, oferecendo alta flexibilidade.

Questão 2: Verdadeiro ou Falso: Azure SQL Database é uma solução de banco de dados relacional gerenciada pela Microsoft.
(ID da Questão: 87682)

A) Verdadeiro

B) Falso

Resposta Correta: A) Verdadeiro

Comentário: Azure SQL Database é um banco de dados relacional gerenciado pela Microsoft, altamente escalável e seguro, ideal para aplicações empresariais.

Questão 3: Qual dos seguintes serviços oferece uma solução para backup automatizado e recuperação de desastres no Azure?
(ID da Questão: 87683)

A) Azure Monitor

B) Azure Key Vault

C) Azure Backup

D) Azure Firewall

Resposta Correta: C) Azure Backup

Comentário: Azure Backup oferece uma solução confiável e econômica para backup automatizado e recuperação de desastres, protegendo dados e aplicações no Azure.

Questão 4: Qual modelo de nuvem é mais adequado para uma organização que precisa de controle total sobre seus dados e infraestrutura?

(ID da Questão: 87684)

A) Nuvem Pública

B) Nuvem Privada

C) Nuvem Híbrida

D) SaaS

Resposta Correta: B) Nuvem Privada

Comentário: A Nuvem Privada é ideal para organizações que precisam de controle total sobre seus dados e infraestrutura, oferecendo maior segurança e personalização.

Questão 5: Verdadeiro ou Falso: Azure Active Directory (Azure AD) é utilizado para autenticação e autorização de usuários em aplicativos e recursos do Azure.

(ID da Questão: 87685)

A) Verdadeiro

B) Falso

Resposta Correta: A) Verdadeiro

Comentário: Azure Active Directory (Azure AD) é o serviço de gestão de identidades do Azure, que centraliza a autenticação e autorização de usuários para aplicativos e recursos.

Questão 6: Qual ferramenta do Azure oferece monitoramento em tempo real de desempenho e integridade de recursos?
(ID da Questão: 87686)

A) Azure Security Center

B) Azure Monitor

C) Azure Policy

D) Azure Advisor

Resposta Correta: B) Azure Monitor

Comentário: Azure Monitor coleta e analisa dados em tempo real sobre o desempenho e a integridade de seus recursos no Azure, ajudando a identificar e resolver problemas rapidamente.

Questão 7: Qual das seguintes soluções do Azure permite proteger aplicativos web contra ameaças comuns como SQL Injection?
(ID da Questão: 87687)

A) Azure Firewall

B) Web Application Firewall (WAF)

C) Azure VPN Gateway

D) Azure Traffic Manager

Resposta Correta: B) Web Application Firewall (WAF)

Comentário: O Web Application Firewall (WAF) protege aplicativos web contra ameaças como SQL Injection e Cross-Site Scripting, garantindo a segurança dos aplicativos.

Questão 8: Verdadeiro ou Falso: Azure Cost Management permite monitorar e otimizar os custos dos recursos do Azure ao longo do tempo.

(ID da Questão: 87688)

A) Verdadeiro

B) Falso

Resposta Correta: A) Verdadeiro

Comentário: Azure Cost Management oferece uma visão detalhada dos custos atuais e ajuda a monitorar e otimizar os gastos com recursos do Azure, garantindo eficiência no uso do orçamento.

Questão 9: Qual serviço do Azure é ideal para armazenar grandes quantidades de dados não estruturados, como vídeos e imagens?

(ID da Questão: 87689)

A) Azure Files

B) Azure Blob Storage

C) Azure Disk Storage

D) Azure SQL Database

Resposta Correta: B) Azure Blob Storage

Comentário: Azure Blob Storage é ideal para armazenar grandes quantidades de dados não estruturados, como vídeos, imagens e backups, oferecendo alta escalabilidade e segurança.

Questão 10: Verdadeiro ou Falso: Azure Policy permite criar e gerenciar políticas para garantir que os recursos estejam em conformidade com padrões corporativos.
(ID da Questão: 87690)

A) Verdadeiro

B) Falso

Resposta Correta: A) Verdadeiro

Comentário: Azure Policy permite a criação e gerenciamento de políticas que garantem que todos os recursos implantados estejam em conformidade com padrões corporativos ou regulatórios.

Questão 11: Qual serviço do Azure você deve usar para criar uma conexão privada e dedicada entre seu datacenter on-premises e o Azure que evita a internet pública?
(ID da Questão: 87691)

A) Azure VPN Gateway

B) Azure ExpressRoute

C) Azure Traffic Manager

D) Azure Front Door

Resposta Correta: B) Azure ExpressRoute

Comentário: O Azure ExpressRoute oferece uma conexão privada e dedicada que não passa pela internet pública, proporcionando uma conexão mais segura e confiável entre seu datacenter e o Azure. Ele é ideal para cenários que exigem alta segurança, baixa latência e maior largura de banda, tornando-o a escolha certa para soluções empresariais críticas.

Questão 12: Qual serviço do Azure permite que você configure alertas com base em métricas de desempenho específicas, como a utilização da CPU?

(ID da Questão: 87692)

A) Azure Monitor alerts

B) Azure Advisor

C) Azure Service Health

D) Application Insights

Resposta Correta: A) Azure Monitor alerts

Comentário: O Azure Monitor é o serviço principal do Azure para monitoramento de desempenho e integridade. Ele permite a criação de alertas personalizados que podem ser disparados com base em métricas específicas, como o uso de CPU, garantindo que você seja notificado de quaisquer problemas de desempenho em tempo real.

Questão 13: Qual modelo de serviço na nuvem oferece uma plataforma gerenciada para desenvolvimento e implantação de aplicativos sem se preocupar com a infraestrutura subjacente?

(ID da Questão: 87693)

A) IaaS

B) PaaS

C) SaaS

D) DaaS

Resposta Correta: B) PaaS

Comentário: PaaS, ou Plataforma como Serviço, oferece uma solução completa para desenvolvedores implantarem, gerenciarem e executarem aplicativos sem precisar gerenciar a infraestrutura subjacente. Isso permite que as equipes de desenvolvimento se concentrem no código e na lógica do aplicativo, enquanto o provedor de nuvem gerencia servidores, armazenamento e redes.

Questão 14: Qual é a principal responsabilidade do cliente em um modelo de responsabilidade compartilhada para Infraestrutura como Serviço (IaaS)?

(ID da Questão: 87694)

A) Configurar as configurações do hypervisor

B) Gerenciar os controles de rede física subjacente

C) Manter as instalações do data center

D) Realizar o gerenciamento de patches para o sistema operacional

Resposta Correta: D) Realizar o gerenciamento de patches para o sistema operacional

Comentário: No modelo IaaS, o provedor de nuvem gerencia a infraestrutura física, enquanto o cliente é responsável pelo sistema operacional, armazenamento e aplicações. Isso inclui a responsabilidade de aplicar patches e atualizações de segurança ao sistema operacional para garantir que ele esteja protegido contra vulnerabilidades.

Questão 15: Verdadeiro ou Falso: O Azure SQL Database é uma solução de banco de dados relacional gerenciada pela Microsoft, ideal para aplicações empresariais.

(ID da Questão: 87695)

A) Verdadeiro

B) Falso

Resposta Correta: A) Verdadeiro

Comentário: O Azure SQL Database é uma solução de banco de dados relacional totalmente gerenciada pela Microsoft, projetada para suportar uma variedade de aplicações empresariais. Ele oferece escalabilidade, alta disponibilidade, e segurança integrada, permitindo que as empresas se concentrem em suas aplicações enquanto o Azure cuida do gerenciamento do banco de dados.

Questão 16: Qual serviço do Azure deve ser utilizado para monitorar a integridade e o desempenho de máquinas virtuais, criando alertas quando a utilização da CPU excede 80% por um período de 15 minutos?

(ID da Questão: 87696)

A) Azure Monitor

B) Azure Advisor

C) Azure Service Health

D) Application Insights

Resposta Correta: A) Azure Monitor

Comentário: O Azure Monitor é a ferramenta ideal para monitorar métricas de desempenho, como a utilização da CPU, em máquinas virtuais. Ele permite configurar alertas que podem ser acionados quando o uso da CPU ultrapassa um limite específico, ajudando a evitar problemas de desempenho antes que eles afetem o usuário final.

Questão 17: Qual dos seguintes serviços do Azure oferece uma solução para backup automatizado e recuperação de desastres?
(ID da Questão: 87697)

A) Azure Monitor

B) Azure Key Vault

C) Azure Backup

D) Azure Firewall

Resposta Correta: C) Azure Backup

Comentário: O Azure Backup é uma solução confiável e econômica para backup automatizado e recuperação de desastres. Ele permite que as empresas protejam seus dados e aplicações, com opções de recuperação que minimizam o impacto de falhas ou perdas de dados.

Questão 18: Qual ferramenta do Azure permite criar e gerenciar políticas para garantir que os recursos implantados estejam em conformidade com padrões corporativos?
(ID da Questão: 87698)

A) Azure Monitor

B) Azure Policy

C) Azure Log Analytics

D) Azure Blueprints

Resposta Correta: B) Azure Policy

Comentário: Azure Policy permite a criação e gerenciamento de políticas que garantem que os recursos implantados estejam em conformidade com os padrões corporativos ou regulatórios. Isso ajuda a garantir que todas as implementações estejam alinhadas com as diretrizes de segurança e conformidade da organização.

Questão 19: Qual modelo de nuvem é mais adequado para uma organização que precisa de controle total sobre seus dados e infraestrutura?
(ID da Questão: 87699)

A) Nuvem Pública

B) Nuvem Privada

C) Nuvem Híbrida

D) SaaS

Resposta Correta: B) Nuvem Privada

Comentário: A Nuvem Privada é ideal para organizações que precisam de controle total sobre seus dados e infraestrutura, oferecendo maior segurança e personalização. Nesse modelo, a infraestrutura de nuvem é usada exclusivamente por uma única organização, garantindo que os dados sensíveis sejam protegidos com os mais altos padrões de segurança.

Questão 20: Verdadeiro ou Falso: O Azure Active Directory (Azure AD) é utilizado para autenticação e autorização de usuários em aplicativos e recursos do Azure.

(ID da Questão: 87700)

A) Verdadeiro

B) Falso

Resposta Correta: A) Verdadeiro

Comentário: O Azure Active Directory (Azure AD) é o serviço de gestão de identidades e acesso do Azure, permitindo a autenticação e autorização seguras de usuários para aplicativos e recursos. Ele é uma parte crucial da segurança no Azure, oferecendo recursos como Single Sign-On (SSO) e autenticação multifator (MFA).

Questão 21: Qual serviço do Azure você deve utilizar para gerenciar as permissões de acesso aos recursos com base nas funções dos usuários?

(ID da Questão: 87711)

A) Azure Policy

B) Azure Blueprints

C) Azure Active Directory (Azure AD)

D) Controle de Acesso Baseado em Funções (RBAC)

Resposta Correta: D) Controle de Acesso Baseado em Funções (RBAC)

Comentário: O RBAC (Role-Based Access Control) é um sistema de gerenciamento de permissões que permite atribuir acesso aos recursos com base nas funções específicas de cada usuário. Isso garante que os usuários tenham apenas as permissões necessárias para realizar suas funções, reforçando a segurança e o controle dentro da organização.

Questão 22: Verdadeiro ou Falso: Azure Functions é uma solução de computação sem servidor que permite executar código sem a necessidade de provisionar ou gerenciar infraestrutura de servidor.
(ID da Questão: 87712)

A) Verdadeiro

B) Falso

Resposta Correta: A) Verdadeiro

Comentário: Azure Functions é um serviço de computação sem servidor (serverless) que permite aos desenvolvedores executar código sob demanda sem a necessidade de gerenciar a infraestrutura subjacente. Isso simplifica o processo de desenvolvimento e implantação, permitindo foco exclusivo na lógica de negócio.

Questão 23: Qual dos seguintes serviços do Azure é mais adequado para a proteção de segredos, chaves criptográficas e certificados?
(ID da Questão: 87713)

A) Azure Backup

B) Azure Key Vault

C) Azure Security Center

D) Azure Policy

Resposta Correta: B) Azure Key Vault

Comentário: O Azure Key Vault é projetado para proteger segredos, chaves criptográficas e certificados. Ele fornece um cofre seguro e centralizado onde esses elementos podem ser armazenados, acessados e gerenciados de maneira segura e eficiente, garantindo que apenas usuários autorizados possam acessar esses dados sensíveis.

Questão 24: Qual serviço do Azure fornece uma maneira automatizada de monitorar e aplicar patches de segurança em sistemas operacionais?

(ID da Questão: 87714)

A) Azure Security Center

B) Azure Update Management

C) Azure Policy

D) Azure Monitor

Resposta Correta: B) Azure Update Management

Comentário: O Azure Update Management é uma solução que permite automatizar o processo de aplicação de patches de segurança em sistemas operacionais. Ele oferece uma maneira centralizada de gerenciar atualizações para Windows e Linux, garantindo que todos os sistemas estejam atualizados e protegidos contra vulnerabilidades conhecidas.

Questão 25: Qual dos seguintes componentes faz parte do modelo de responsabilidade compartilhada para IaaS?

(ID da Questão: 87715)

A) Gerenciamento do hipervisor

B) Manutenção das instalações do data center

C) Patching e manutenção do sistema operacional

D) Controle dos dispositivos de rede física

Resposta Correta: C) Patching e manutenção do sistema operacional

Comentário: No modelo de responsabilidade compartilhada para IaaS, o provedor de nuvem gerencia a infraestrutura física e o hipervisor, enquanto o cliente é responsável pelo sistema operacional, incluindo a aplicação de patches e a manutenção para garantir a segurança e o desempenho adequados.

Questão 26: Verdadeiro ou Falso: O Azure Traffic Manager é usado para distribuir o tráfego de rede entre diferentes regiões do Azure com base em políticas definidas.
(ID da Questão: 87716)

A) Verdadeiro

B) Falso

Resposta Correta: A) Verdadeiro

Comentário: O Azure Traffic Manager é um serviço que permite distribuir o tráfego de rede entre várias regiões do Azure, utilizando políticas de roteamento configuráveis. Isso ajuda a melhorar a disponibilidade e a performance de aplicativos, garantindo que o tráfego seja direcionado para os recursos mais apropriados com base em critérios como menor latência ou localização geográfica.

Questão 27: Qual dos seguintes serviços fornece proteção contra ataques DDoS no Azure?

(ID da Questão: 87717)

A) Azure Firewall

B) Azure DDoS Protection

C) Azure Security Center

D) Azure Policy

Resposta Correta: B) Azure DDoS Protection

Comentário: O Azure DDoS Protection oferece proteção contra ataques distribuídos de negação de serviço (DDoS), que podem sobrecarregar os recursos e tornar os aplicativos indisponíveis. Esse serviço monitora o tráfego de rede em tempo real e aplica automaticamente mitigações para proteger os recursos do Azure contra tais ataques.

Questão 28: Qual dos seguintes serviços do Azure é mais adequado para gerenciar a identidade e o acesso de usuários em uma organização?

(ID da Questão: 87718)

A) Azure Policy

B) Azure Active Directory (Azure AD)

C) Azure Blueprints

D) Azure Resource Manager

Resposta Correta: B) Azure Active Directory (Azure AD)

Comentário: O Azure Active Directory (Azure AD) é o serviço de identidade e gerenciamento de acesso da Microsoft. Ele é usado para gerenciar usuários, grupos e permissões, permitindo o acesso seguro aos recursos corporativos, tanto no Azure quanto em outras aplicações SaaS integradas.

Questão 29: Verdadeiro ou Falso: Azure Blueprints é uma ferramenta que ajuda na implementação de ambientes que seguem padrões de conformidade e segurança estabelecidos.

(ID da Questão: 87719)

A) Verdadeiro

B) Falso

Resposta Correta: A) Verdadeiro

Comentário: Azure Blueprints permite a criação e implantação de ambientes no Azure que seguem padrões de conformidade e segurança pré-estabelecidos. Ele facilita a configuração inicial de recursos de acordo com os requisitos de conformidade e segurança, garantindo que as implementações atendam aos padrões corporativos e regulatórios.

Questão 30: Qual das seguintes opções descreve corretamente o serviço Azure Cost Management?

(ID da Questão: 87720)

A) Uma ferramenta para calcular o custo de novos serviços no Azure

B) Um serviço para automatizar a aplicação de patches em máquinas virtuais

C) Uma solução para monitorar e otimizar os custos dos recursos no Azure

D) Um serviço para gerenciar políticas de conformidade

Resposta Correta: C) Uma solução para monitorar e otimizar os custos dos recursos no Azure

Comentário: Azure Cost Management é uma ferramenta que permite monitorar e otimizar os custos dos recursos usados no Azure. Ela ajuda a analisar gastos, identificar oportunidades de economia e implementar práticas de gerenciamento financeiro para maximizar o valor dos investimentos em nuvem.

Questão 31: Qual serviço do Azure permite que você monitore e analise logs de atividades para entender o desempenho e a integridade de sua infraestrutura?

(ID da Questão: 87721)

A) Azure Monitor

B) Azure Advisor

C) Azure Log Analytics

D) Azure Security Center

Resposta Correta: C) Azure Log Analytics

Comentário: Azure Log Analytics, que faz parte do Azure Monitor, permite que você colete e analise logs de várias fontes para obter insights sobre o desempenho, a integridade e a segurança da sua infraestrutura. Ele é uma ferramenta essencial para o monitoramento e a análise de grandes volumes de dados de logs.

Questão 32: Verdadeiro ou Falso: Azure DevTest Labs é um serviço que permite criar e gerenciar ambientes de desenvolvimento e teste, reduzindo o tempo e o custo necessários para provisionar esses recursos.

(ID da Questão: 87722)

A) Verdadeiro

B) Falso

Resposta Correta: A) Verdadeiro

Comentário: Azure DevTest Labs é uma ferramenta que facilita a criação e gerenciamento de ambientes de desenvolvimento e teste no Azure. Ele ajuda a reduzir o tempo e os custos associados ao provisionamento desses recursos, oferecendo recursos automatizados e controle de custos.

Questão 33: Qual serviço do Azure é mais adequado para distribuir tráfego de rede para diferentes instâncias de uma aplicação com base na proximidade ao usuário final?

(ID da Questão: 87723)

A) Azure Traffic Manager

B) Azure Load Balancer

C) Azure ExpressRoute

D) Azure Front Door

Resposta Correta: A) Azure Traffic Manager

Comentário: O Azure Traffic Manager é um serviço de roteamento de tráfego baseado em DNS que distribui o tráfego entre diferentes instâncias de uma aplicação com base em políticas de roteamento, como a proximidade geográfica. Isso ajuda a melhorar o desempenho percebido pelos usuários, direcionando-os para a instância mais próxima.

Questão 34: Qual serviço do Azure fornece uma solução para hospedar, escalar e gerenciar contêineres Docker?

(ID da Questão: 87724)

A) Azure Kubernetes Service (AKS)

B) Azure Functions

C) Azure Batch

D) Azure Virtual Machines

Resposta Correta: A) Azure Kubernetes Service (AKS)

Comentário: O Azure Kubernetes Service (AKS) é uma solução gerenciada para hospedar, escalar e gerenciar contêineres Docker. Ele oferece uma maneira fácil de orquestrar contêineres em um ambiente de produção, utilizando Kubernetes como o orquestrador de contêineres.

Questão 35: Qual dos seguintes serviços do Azure permite proteger aplicativos web contra ataques como SQL Injection e Cross-Site Scripting (XSS)?

(ID da Questão: 87725)

A) Azure Firewall

B) Azure Web Application Firewall (WAF)

C) Azure DDoS Protection

D) Azure Traffic Manager

Resposta Correta: B) Azure Web Application Firewall (WAF)

Comentário: O Azure Web Application Firewall (WAF) protege aplicativos web contra ameaças comuns, como SQL Injection e Cross-Site Scripting (XSS). Ele oferece proteção avançada para aplicativos web ao filtrar e monitorar o tráfego HTTP e HTTP(S), bloqueando solicitações maliciosas antes que possam causar danos.

Questão 36: Verdadeiro ou Falso: Azure Advisor fornece recomendações personalizadas para ajudar a otimizar a segurança, desempenho e custo de suas implementações no Azure.

(ID da Questão: 87726)

A) Verdadeiro

B) Falso

Resposta Correta: A) Verdadeiro

Comentário: O Azure Advisor é uma ferramenta que fornece recomendações personalizadas para ajudar a otimizar a segurança, o desempenho e o custo de suas implementações no Azure. Ele analisa sua configuração atual e oferece sugestões práticas para melhorar sua infraestrutura em nuvem.

Questão 37: Qual serviço do Azure deve ser usado para criar redes virtuais isoladas dentro de uma região do Azure?

(ID da Questão: 87727)

A) Azure VPN Gateway

B) Azure Virtual Network (VNet)

C) Azure ExpressRoute

D) Azure Load Balancer

Resposta Correta: B) Azure Virtual Network (VNet)

Comentário: Azure Virtual Network (VNet) permite criar redes virtuais isoladas dentro de uma região do Azure, onde você pode hospedar suas máquinas virtuais e outros recursos. VNets proporcionam controle total sobre a configuração da rede, incluindo endereçamento IP, sub-redes, tabelas de roteamento e gateways de VPN.

Questão 38: Qual serviço do Azure oferece a capacidade de armazenar grandes quantidades de dados não estruturados, como imagens e vídeos?
(ID da Questão: 87728)

A) Azure Files

B) Azure Blob Storage

C) Azure Disk Storage

D) Azure SQL Database

Resposta Correta: B) Azure Blob Storage

Comentário: O Azure Blob Storage é ideal para armazenar grandes quantidades de dados não estruturados, como imagens, vídeos e backups. Ele oferece alta escalabilidade e segurança, sendo uma escolha popular para o armazenamento de dados em nuvem.

Questão 39: Qual modelo de serviço de nuvem permite aos usuários executar aplicações em uma plataforma gerenciada, sem precisar se preocupar com a manutenção da infraestrutura subjacente?

(ID da Questão: 87729)

A) IaaS

B) PaaS

C) SaaS

D) FaaS

Resposta Correta: B) PaaS

Comentário: PaaS (Platform as a Service) oferece uma plataforma gerenciada onde os desenvolvedores podem criar, implantar e gerenciar aplicações sem se preocupar com a manutenção da infraestrutura subjacente. Isso permite foco total no desenvolvimento e na inovação.

Questão 40: Verdadeiro ou Falso: Azure Resource Manager (ARM) é usado para provisionar, gerenciar e organizar recursos no Azure através de templates e scripts de automação.

(ID da Questão: 87730)

A) Verdadeiro

B) Falso

Resposta Correta: A) Verdadeiro

Comentário: Azure Resource Manager (ARM) é a plataforma de gerenciamento que permite provisionar, gerenciar e organizar recursos no Azure. Ele permite que você use templates e scripts de automação para implantar e gerenciar recursos de maneira eficiente e consistente.

Questão 41: Qual serviço do Azure permite que você implemente uma solução de recuperação de desastres usando replicação geográfica?

(ID da Questão: 87731)

A) Azure Site Recovery

B) Azure Backup

C) Azure Key Vault

D) Azure Monitor

Resposta Correta: A) Azure Site Recovery

Comentário: Azure Site Recovery é um serviço que oferece uma solução de recuperação de desastres, permitindo a replicação de máquinas virtuais e servidores físicos para uma localização secundária. Ele garante que, em caso de falha, os aplicativos possam ser restaurados rapidamente, minimizando o tempo de inatividade.

Questão 42: Verdadeiro ou Falso: Azure Functions permite que você execute código em resposta a eventos, sem precisar gerenciar a infraestrutura de servidor.

(ID da Questão: 87732)

A) Verdadeiro

B) Falso

Resposta Correta: A) Verdadeiro

Comentário: Azure Functions é um serviço de computação sem servidor que permite a execução de código em resposta a eventos, como alterações em dados, solicitações HTTP ou mensagens de fila, sem a necessidade de gerenciar a infraestrutura de servidor.

Questão 43: Qual serviço do Azure fornece monitoramento de segurança e gerenciamento de conformidade para suas cargas de trabalho na nuvem e on-premises?
(ID da Questão: 87733)

A) Azure Security Center

B) Azure Policy

C) Azure Advisor

D) Azure Blueprints

Resposta Correta: A) Azure Security Center

Comentário: Azure Security Center é uma solução unificada de gerenciamento de segurança que oferece monitoramento contínuo e recomendações de segurança para proteger suas cargas de trabalho na nuvem e on-premises. Ele também ajuda a gerenciar a conformidade com padrões regulatórios.

Questão 44: Qual dos seguintes serviços oferece uma maneira de gerenciar segredos, como senhas, chaves de criptografia e certificados, em um cofre centralizado?
(ID da Questão: 87734)

A) Azure Key Vault

B) Azure Storage

C) Azure Policy

D) Azure Resource Manager

Resposta Correta: A) Azure Key Vault

Comentário: Azure Key Vault é projetado para proteger segredos como senhas, chaves de criptografia e certificados, oferecendo um cofre seguro e centralizado. Isso facilita o gerenciamento e o controle de acesso a esses segredos críticos.

Questão 45: Qual serviço do Azure você deve usar para distribuir o tráfego de rede globalmente, baseado em políticas de roteamento, garantindo alta disponibilidade de seus aplicativos?

(ID da Questão: 87735)

A) Azure Load Balancer

B) Azure Traffic Manager

C) Azure Front Door

D) Azure VPN Gateway

Resposta Correta: B) Azure Traffic Manager

Comentário: Azure Traffic Manager é um serviço de roteamento de tráfego que distribui o tráfego globalmente com base em políticas de roteamento, como prioridade, desempenho ou geolocalização. Isso garante que seus aplicativos permaneçam altamente disponíveis, mesmo em caso de falhas regionais.

Questão 46: Verdadeiro ou Falso: Azure Virtual Machines permite que você execute qualquer sistema operacional suportado em uma máquina virtual, como Windows ou Linux, no Azure.

(ID da Questão: 87736)

A) Verdadeiro

B) Falso

Resposta Correta: A) Verdadeiro

Comentário: Azure Virtual Machines suporta a execução de uma variedade de sistemas operacionais, incluindo diferentes distribuições de Linux e versões do Windows. Isso oferece flexibilidade para os desenvolvedores e administradores configurarem ambientes conforme suas necessidades específicas.

Questão 47: Qual serviço do Azure deve ser usado para implementar uma solução de continuidade de negócios que mantém seus dados e aplicativos disponíveis durante interrupções?

(ID da Questão: 87737)

A) Azure Backup

B) Azure Site Recovery

C) Azure Key Vault

D) Azure Advisor

Resposta Correta: B) Azure Site Recovery

Comentário: Azure Site Recovery é uma solução que permite replicar suas cargas de trabalho para outra região do Azure ou para seu próprio datacenter, garantindo que seus dados e aplicativos permaneçam disponíveis durante interrupções ou desastres.

Questão 48: Qual dos seguintes serviços do Azure ajuda a identificar e mitigar riscos em sua configuração de nuvem e oferece recomendações para melhorar a segurança?

(ID da Questão: 87738)

A) Azure Monitor

B) Azure Advisor

C) Azure Security Center

D) Azure Policy

Resposta Correta: C) Azure Security Center

Comentário: Azure Security Center ajuda a identificar riscos em sua configuração de nuvem, oferecendo recomendações personalizadas para mitigar esses riscos e melhorar a postura de segurança de sua infraestrutura no Azure.

Questão 49: Qual ferramenta do Azure permite que você gerencie e monitore a conformidade de seus recursos com as políticas corporativas?

(ID da Questão: 87739)

A) Azure Security Center

B) Azure Policy

C) Azure Monitor

D) Azure Advisor

Resposta Correta: B) Azure Policy

Comentário: Azure Policy permite que você crie, atribua e gerencie políticas que garantem que seus recursos estejam em conformidade com os padrões corporativos e regulatórios. Isso ajuda a manter a governança e a segurança de seus ambientes no Azure.

Questão 50: Qual dos seguintes serviços do Azure pode ser utilizado para hospedar APIs e microserviços que precisam de escalabilidade dinâmica?

(ID da Questão: 87740)

A) Azure App Service

B) Azure Kubernetes Service (AKS)

C) Azure Functions

D) Azure Logic Apps

Resposta Correta: B) Azure Kubernetes Service (AKS)

Comentário: Azure Kubernetes Service (AKS) é ideal para hospedar APIs e microserviços que exigem escalabilidade dinâmica. Ele permite a orquestração de contêineres Docker em um ambiente Kubernetes gerenciado, facilitando o gerenciamento e a escalabilidade de aplicativos distribuídos.

Questão 51: Verdadeiro ou Falso: Azure Active Directory B2C permite que as empresas gerenciem identidades e autenticações de clientes em suas aplicações.

(ID da Questão: 87741)

A) Verdadeiro

B) Falso

Resposta Correta: A) Verdadeiro

Comentário: Azure Active Directory B2C (Business-to-Customer) é um serviço que permite às empresas gerenciar identidades e autenticações de clientes, oferecendo suporte para personalização de login, integração social e autenticação multifator, tudo isso sem a necessidade de manter uma infraestrutura complexa de identidade.

Questão 52: Qual serviço do Azure permite que você monitore e visualize dados de telemetria para melhorar o desempenho e a integridade de aplicativos?
(ID da Questão: 87742)

A) Azure Monitor

B) Azure Log Analytics

C) Azure Application Insights

D) Azure Advisor

Resposta Correta: C) Azure Application Insights

Comentário: Azure Application Insights é um serviço de monitoramento que permite visualizar e analisar dados de telemetria de seus aplicativos, ajudando a detectar anomalias, rastrear solicitações e diagnosticar problemas de desempenho. Ele é parte do Azure Monitor e é usado para melhorar a integridade e a performance das aplicações.

Questão 53: Qual dos seguintes serviços do Azure fornece suporte para a criação e gerenciamento de redes virtuais no Azure?

(ID da Questão: 87743)

A) Azure Virtual Network (VNet)

B) Azure Traffic Manager

C) Azure Load Balancer

D) Azure ExpressRoute

Resposta Correta: A) Azure Virtual Network (VNet)

Comentário: Azure Virtual Network (VNet) permite que você crie e gerencie redes virtuais dentro do Azure. Ele oferece controle total sobre endereçamento IP, sub-redes, grupos de segurança de rede e outras configurações de rede para isolar e proteger seus recursos.

Questão 54: Qual serviço do Azure deve ser usado para orquestrar contêineres em um ambiente Kubernetes gerenciado?

(ID da Questão: 87744)

A) Azure Kubernetes Service (AKS)

B) Azure Functions

C) Azure App Service

D) Azure Container Instances

Resposta Correta: A) Azure Kubernetes Service (AKS)

Comentário: Azure Kubernetes Service (AKS) é uma solução gerenciada para orquestrar contêineres em um ambiente Kubernetes, facilitando a implementação, a escalabilidade e o gerenciamento de aplicativos baseados em contêineres.

Questão 55: Qual serviço do Azure é projetado para fornecer alta disponibilidade e balanceamento de carga para aplicativos em nuvem?
(ID da Questão: 87745)

A) Azure Traffic Manager

B) Azure Load Balancer

C) Azure ExpressRoute

D) Azure VPN Gateway

Resposta Correta: B) Azure Load Balancer

Comentário: Azure Load Balancer distribui automaticamente o tráfego de rede de entrada entre várias instâncias de serviço, garantindo alta disponibilidade e resiliência. Ele é usado para balancear a carga de trabalho de aplicativos em nuvem para garantir que nenhum servidor seja sobrecarregado.

Questão 56: Verdadeiro ou Falso: Azure Security Center inclui a funcionalidade de monitorar e mitigar ataques DDoS em tempo real.
(ID da Questão: 87746)

A) Verdadeiro

B) Falso

Resposta Correta: B) Falso

Comentário: Embora o Azure Security Center ofereça monitoramento e recomendações de segurança, a proteção específica contra ataques DDoS é fornecida pelo serviço Azure DDoS Protection, que é integrado ao Azure Security Center para fornecer uma defesa completa contra esses tipos de ataques.

Questão 57: Qual dos seguintes serviços oferece uma interface baseada em navegador para gerenciar e interagir com os recursos do Azure?

(ID da Questão: 87747)

A) Azure CLI

B) Azure Portal

C) Azure PowerShell

D) Azure DevOps

Resposta Correta: B) Azure Portal

Comentário: O Azure Portal é uma interface gráfica baseada em navegador que permite gerenciar, configurar e monitorar todos os recursos do Azure. Ele oferece uma visão unificada e acesso a todas as funcionalidades necessárias para gerenciar serviços na nuvem.

Questão 58: Qual serviço do Azure é usado para automatizar tarefas repetitivas, como backup e manutenção, em um ambiente de nuvem?

(ID da Questão: 87748)

A) Azure Logic Apps

B) Azure Automation

C) Azure Functions

D) Azure DevTest Labs

Resposta Correta: B) Azure Automation

Comentário: Azure Automation é uma ferramenta que permite automatizar tarefas repetitivas, como backup, manutenção e configuração, em um ambiente de nuvem. Ele reduz o erro humano e economiza tempo ao automatizar processos complexos e frequentes.

Questão 59: Qual dos seguintes serviços é utilizado para proteger aplicativos e serviços do Azure contra ameaças da internet, como SQL Injection e Cross-Site Scripting?
(ID da Questão: 87749)

A) Azure Firewall

B) Azure Web Application Firewall (WAF)

C) Azure DDoS Protection

D) Azure Security Center

Resposta Correta: B) Azure Web Application Firewall (WAF)

Comentário: Azure Web Application Firewall (WAF) é uma solução que protege aplicativos web contra ameaças comuns, como SQL Injection e Cross-Site Scripting (XSS), filtrando e monitorando o tráfego HTTP/S para identificar e bloquear solicitações maliciosas.

Questão 60: Verdadeiro ou Falso: Azure Blob Storage é a escolha ideal para armazenar arquivos de configuração pequenos e bases de dados SQL.

(ID da Questão: 87750)

A) Verdadeiro

B) Falso

Resposta Correta: B) Falso

Comentário: Azure Blob Storage é ideal para armazenar grandes volumes de dados não estruturados, como arquivos de imagem, vídeo e backup. Para bases de dados SQL ou arquivos de configuração pequenos, opções como Azure SQL Database ou Azure Files podem ser mais adequadas.

Questão 61: Qual serviço do Azure você deve usar para proteger aplicativos contra falhas de hardware ou software, garantindo alta disponibilidade?

(ID da Questão: 87751)

A) Azure Load Balancer

B) Azure Availability Zones

C) Azure Traffic Manager

D) Azure Backup

Resposta Correta: B) Azure Availability Zones

Comentário: Azure Availability Zones são locais fisicamente separados dentro de uma região do Azure. Cada zona é composta por um ou mais datacenters equipados com alimentação, refrigeração e rede independentes. Usando Availability Zones, você pode garantir que seus aplicativos tenham alta disponibilidade, protegendo-os contra falhas de hardware e software.

Questão 62: Verdadeiro ou Falso: Azure Policy é utilizado para automatizar a criação de VMs e outros recursos de infraestrutura em uma configuração padrão.
(ID da Questão: 87752)

A) Verdadeiro

B) Falso

Resposta Correta: B) Falso

Comentário: Azure Policy é uma ferramenta usada para criar, atribuir e gerenciar políticas que garantem que os recursos estejam em conformidade com padrões e requisitos corporativos. Ela não é utilizada para automatizar a criação de recursos, mas para garantir que todos os recursos implantados sigam as diretrizes estabelecidas.

Questão 63: Qual dos seguintes serviços do Azure oferece uma solução gerenciada para criar, implantar e escalar contêineres Docker?
(ID da Questão: 87753)

A) Azure Functions

B) Azure Kubernetes Service (AKS)

C) Azure Logic Apps

D) Azure App Service

Resposta Correta: B) Azure Kubernetes Service (AKS)

Comentário: Azure Kubernetes Service (AKS) é uma solução gerenciada que permite criar, implantar e escalar contêineres Docker usando Kubernetes. Ele facilita a orquestração e o gerenciamento de aplicativos em contêineres, proporcionando alta disponibilidade e escalabilidade.

Questão 64: Qual serviço do Azure pode ser usado para gerenciar chaves de criptografia usadas para proteger dados em repouso e em trânsito?
(ID da Questão: 87754)

A) Azure Key Vault

B) Azure Security Center

C) Azure Policy

D) Azure Monitor

Resposta Correta: A) Azure Key Vault

Comentário: Azure Key Vault é um serviço que ajuda a proteger chaves criptográficas e outros segredos, como certificados e senhas. Ele fornece uma maneira segura de gerenciar e acessar esses elementos, garantindo que os dados em repouso e em trânsito estejam protegidos.

Questão 65: Verdadeiro ou Falso: Azure Traffic Manager pode ser usado para balancear o tráfego entre múltiplos datacenters em diferentes regiões geográficas.
(ID da Questão: 87755)

A) Verdadeiro

B) Falso

Resposta Correta: A) Verdadeiro

Comentário: Azure Traffic Manager é um serviço de roteamento baseado em DNS que permite distribuir o tráfego entre diferentes datacenters localizados em várias regiões geográficas. Ele oferece opções de roteamento baseadas em prioridade, latência e outras políticas para garantir a entrega eficiente e rápida dos serviços.

Questão 66: Qual serviço do Azure permite que você configure ambientes de desenvolvimento e teste rapidamente, com controle de custos e automação integrada?
(ID da Questão: 87756)

A) Azure DevTest Labs

B) Azure Resource Manager

C) Azure Automation

D) Azure Functions

Resposta Correta: A) Azure DevTest Labs

Comentário: Azure DevTest Labs é um serviço que permite configurar e gerenciar ambientes de desenvolvimento e teste de forma eficiente. Ele oferece controle de custos e automação, facilitando o provisionamento de ambientes consistentes e otimizados para o desenvolvimento e teste de aplicativos.

Questão 67: Qual dos seguintes serviços do Azure é utilizado para proteger redes virtuais contra tráfego indesejado e ataques de rede?
(ID da Questão: 87757)

A) Azure Security Center

B) Azure Firewall

C) Azure Policy

D) Azure Traffic Manager

Resposta Correta: B) Azure Firewall

Comentário: Azure Firewall é um serviço gerenciado que protege redes virtuais contra tráfego indesejado e ataques de rede. Ele oferece filtragem de tráfego baseada em regras e integração com o Azure Monitor para visibilidade e controle aprimorados.

Questão 68: Qual serviço do Azure oferece uma interface de linha de comando para gerenciar e automatizar tarefas no Azure?
(ID da Questão: 87758)

A) Azure Portal

B) Azure CLI

C) Azure PowerShell

D) Azure DevOps

Resposta Correta: B) Azure CLI

Comentário: Azure CLI (Command-Line Interface) é uma ferramenta de linha de comando que permite gerenciar e automatizar tarefas no Azure. Ela oferece comandos simples e scripts para gerenciar recursos, implantar aplicativos e realizar outras tarefas administrativas diretamente da linha de comando.

Questão 69: Verdadeiro ou Falso: Azure Front Door oferece uma solução de balanceamento de carga global para aplicativos web, proporcionando baixa latência e alta disponibilidade.

(ID da Questão: 87759)

A) Verdadeiro

B) Falso

Resposta Correta: A) Verdadeiro

Comentário: Azure Front Door é um serviço que oferece balanceamento de carga global para aplicativos web, garantindo baixa latência e alta disponibilidade. Ele otimiza a entrega de conteúdo ao roteá-lo para a localização mais próxima do usuário final, melhorando o desempenho e a experiência do usuário.

Questão 70: Qual serviço do Azure é mais adequado para a integração de sistemas e fluxos de trabalho complexos em ambientes de TI híbridos?

(ID da Questão: 87760)

A) Azure Logic Apps

B) Azure Functions

C) Azure App Service

D) Azure DevOps

Resposta Correta: A) Azure Logic Apps

Comentário: Azure Logic Apps é um serviço que permite a criação e automação de fluxos de trabalho complexos e a integração de sistemas em ambientes de TI híbridos. Ele facilita a conexão de aplicativos e serviços, automatizando processos e fluxos de trabalho através de uma interface visual sem código.

Questão 71: Qual serviço do Azure permite que você crie, monitore e gerencie pipelines de integração e entrega contínua (CI/CD)?
(ID da Questão: 87761)

A) Azure DevOps

B) Azure Automation

C) Azure Functions

D) Azure Logic Apps

Resposta Correta: A) Azure DevOps

Comentário: Azure DevOps é uma solução completa para gerenciar o ciclo de vida do desenvolvimento de software, incluindo pipelines de integração contínua (CI) e entrega contínua (CD). Ele oferece ferramentas para versionamento de código, automação de build e deploy, e gerenciamento de projetos, permitindo que as equipes de desenvolvimento entreguem software de alta qualidade de forma eficiente e rápida.

Questão 72: Verdadeiro ou Falso: Azure Resource Manager (ARM) permite gerenciar, provisionar e organizar recursos no Azure usando templates de infraestrutura como código (IaC).
(ID da Questão: 87762)

A) Verdadeiro

B) Falso

Resposta Correta: A) Verdadeiro

Comentário: Azure Resource Manager (ARM) é uma plataforma que permite gerenciar, provisionar e organizar recursos no Azure usando templates de infraestrutura como código (IaC). Com ARM, você pode definir a infraestrutura em arquivos JSON e implantá-los de forma consistente e repetível, facilitando a automação e o controle de versões da infraestrutura.

Questão 73: Qual serviço do Azure é recomendado para hospedar um banco de dados relacional totalmente gerenciado e com suporte nativo para SQL?
(ID da Questão: 87763)

A) Azure Cosmos DB

B) Azure SQL Database

C) Azure Database for PostgreSQL

D) Azure Data Lake

Resposta Correta: B) Azure SQL Database

Comentário: Azure SQL Database é um serviço de banco de dados relacional totalmente gerenciado pela Microsoft, com suporte nativo para SQL Server. Ele oferece alta disponibilidade, escalabilidade automática e recursos de segurança avançados, sendo ideal para aplicações empresariais que exigem um banco de dados robusto e confiável.

Questão 74: Qual serviço do Azure deve ser utilizado para realizar backup automatizado e recuperação de dados de máquinas virtuais?

(ID da Questão: 87764)

A) Azure Site Recovery

B) Azure Backup

C) Azure Key Vault

D) Azure Monitor

Resposta Correta: B) Azure Backup

Comentário: Azure Backup é um serviço que oferece backup automatizado e recuperação de dados para máquinas virtuais e outros recursos no Azure. Ele garante que seus dados estejam protegidos contra perda ou falhas, permitindo a recuperação rápida e confiável em caso de necessidade.

Questão 75: Qual serviço do Azure oferece suporte à criação de APIs, aplicativos móveis e aplicativos web, com escalabilidade integrada e gerenciamento simplificado?

(ID da Questão: 87765)

A) Azure App Service

B) Azure Kubernetes Service (AKS)

C) Azure Functions

D) Azure Logic Apps

Resposta Correta: A) Azure App Service

Comentário: Azure App Service é uma plataforma gerenciada para criar e hospedar aplicativos web, APIs e aplicativos móveis. Ele oferece escalabilidade integrada, atualizações automáticas e uma série de ferramentas de gerenciamento, permitindo que os desenvolvedores se concentrem no desenvolvimento do aplicativo sem se preocupar com a infraestrutura subjacente.

Questão 76: Verdadeiro ou Falso: Azure Active Directory (Azure AD) pode ser usado para autenticar usuários em aplicativos SaaS e outros recursos do Azure.

(ID da Questão: 87766)

A) Verdadeiro

B) Falso

Resposta Correta: A) Verdadeiro

Comentário: Azure Active Directory (Azure AD) é uma solução de gerenciamento de identidades que permite autenticar usuários em aplicativos SaaS, recursos do Azure e outros serviços integrados. Ele suporta autenticação multifator, Single Sign-On (SSO) e outras funcionalidades de segurança avançadas.

Questão 77: Qual serviço do Azure oferece uma solução de análise de big data em tempo real, capaz de processar grandes volumes de dados com baixa latência?

(ID da Questão: 87767)

A) Azure Stream Analytics

B) Azure Data Factory

C) Azure Synapse Analytics

D) Azure Databricks

Resposta Correta: A) Azure Stream Analytics

Comentário: Azure Stream Analytics é uma solução de análise de big data em tempo real que permite processar grandes volumes de dados com baixa latência. Ele é ideal para cenários que exigem a análise e a visualização de dados quase em tempo real, como monitoramento de IoT, análise de logs e detecção de fraudes.

Questão 78: Qual dos seguintes serviços do Azure permite orquestrar e gerenciar pipelines de dados em um ambiente de big data?
(ID da Questão: 87768)

A) Azure Data Factory

B) Azure Logic Apps

C) Azure Synapse Analytics

D) Azure DevOps

Resposta Correta: A) Azure Data Factory

Comentário: Azure Data Factory é um serviço de integração de dados que permite orquestrar e gerenciar pipelines de dados em um ambiente de big data. Ele facilita a movimentação e transformação de dados entre diferentes fontes e destinos, suportando cenários complexos de ETL (Extract, Transform, Load).

Questão 79: Qual serviço do Azure fornece uma solução para hospedar e gerenciar aplicações de contêiner sem precisar configurar uma infraestrutura de contêiner?
(ID da Questão: 87769)

A) Azure Container Instances

B) Azure Kubernetes Service (AKS)

C) Azure Virtual Machines

D) Azure Functions

Resposta Correta: A) Azure Container Instances

Comentário: Azure Container Instances é um serviço que permite hospedar e gerenciar aplicações de contêiner sem precisar configurar uma infraestrutura de contêiner. Ele é ideal para cenários onde você precisa de contêineres rapidamente, sem a complexidade de gerenciar um cluster Kubernetes completo.

Questão 80: Verdadeiro ou Falso: Azure DevTest Labs é uma ferramenta usada para automação e controle de ambientes de desenvolvimento e teste, facilitando a criação de máquinas virtuais otimizadas para diferentes cenários.
(ID da Questão: 87770)

A) Verdadeiro

B) Falso

Resposta Correta: A) Verdadeiro

Comentário: Azure DevTest Labs é uma ferramenta que facilita a criação e o gerenciamento de ambientes de desenvolvimento e teste. Ele oferece automação e controle de custos, permitindo a criação de máquinas virtuais otimizadas para diferentes cenários de desenvolvimento e teste, ajudando as equipes a inovar mais rapidamente.

Questão 81: Qual serviço do Azure permite que você crie e gerencie uma solução de entrega de aplicativos com alta disponibilidade, usando uma arquitetura baseada em microserviços?

(ID da Questão: 87771)

A) Azure App Service

B) Azure Kubernetes Service (AKS)

C) Azure Service Fabric

D) Azure Functions

Resposta Correta: C) Azure Service Fabric

Comentário: Azure Service Fabric é uma plataforma distribuída para criar, implantar e gerenciar microserviços e contêineres. Ele oferece alta disponibilidade e escalabilidade para aplicativos baseados em microserviços, facilitando a construção e o gerenciamento de soluções modernas e resilientes.

Questão 82: Verdadeiro ou Falso: Azure Logic Apps é um serviço de automação que permite a criação de fluxos de trabalho complexos usando uma interface visual sem código.

(ID da Questão: 87772)

A) Verdadeiro

B) Falso

Resposta Correta: A) Verdadeiro

Comentário: Azure Logic Apps é uma ferramenta que permite a criação de fluxos de trabalho complexos através de uma interface visual baseada em arrastar e soltar, sem a necessidade de escrever código. Ele é ideal para automatizar processos empresariais e integrar diferentes sistemas e serviços.

Questão 83: Qual serviço do Azure fornece um serviço de banco de dados NoSQL globalmente distribuído e com suporte nativo para várias APIs, como MongoDB e Cassandra?

(ID da Questão: 87773)

A) Azure SQL Database

B) Azure Cosmos DB

C) Azure Database for PostgreSQL

D) Azure Synapse Analytics

Resposta Correta: B) Azure Cosmos DB

Comentário: Azure Cosmos DB é um serviço de banco de dados NoSQL globalmente distribuído, que oferece suporte nativo para várias APIs, incluindo MongoDB, Cassandra, e Gremlin. Ele é projetado para fornecer baixa latência, alta disponibilidade e escalabilidade global, tornando-o ideal para aplicações modernas que precisam de um banco de dados distribuído.

Questão 84: Qual dos seguintes serviços do Azure permite integrar dados de diferentes fontes, transformá-los e carregá-los em um destino escolhido?

(ID da Questão: 87774)

A) Azure Data Factory

B) Azure Synapse Analytics

C) Azure Logic Apps

D) Azure Databricks

Resposta Correta: A) Azure Data Factory

Comentário: Azure Data Factory é uma solução de integração de dados que permite criar, agendar e gerenciar pipelines de ETL (Extract, Transform, Load). Ele facilita a movimentação e transformação de dados entre diferentes fontes e destinos, suportando a integração de dados em grande escala.

Questão 85: Verdadeiro ou Falso: Azure Blob Storage é adequado para o armazenamento de grandes volumes de dados não estruturados, como arquivos de imagem e vídeo.
(ID da Questão: 87775)

A) Verdadeiro

B) Falso

Resposta Correta: A) Verdadeiro

Comentário: Azure Blob Storage é ideal para o armazenamento de grandes volumes de dados não estruturados, como arquivos de imagem, vídeo e backup. Ele oferece alta escalabilidade e disponibilidade, sendo amplamente utilizado para armazenar dados na nuvem.

Questão 86: Qual serviço do Azure é utilizado para gerenciar identidades e controle de acesso em um ambiente de TI híbrido?

(ID da Questão: 87776)

A) Azure Active Directory (Azure AD)

B) Azure DevOps

C) Azure Security Center

D) Azure Policy

Resposta Correta: A) Azure Active Directory (Azure AD)

Comentário: Azure Active Directory (Azure AD) é um serviço de gerenciamento de identidades que permite controlar o acesso a recursos tanto na nuvem quanto em ambientes de TI híbridos. Ele oferece autenticação, autorização e outras funcionalidades de segurança, como Single Sign-On (SSO) e autenticação multifator (MFA).

Questão 87: Qual dos seguintes serviços do Azure é ideal para hospedar APIs, aplicativos móveis e aplicativos web em uma plataforma gerenciada?

(ID da Questão: 87777)

A) Azure App Service

B) Azure Kubernetes Service (AKS)

C) Azure Functions

D) Azure Logic Apps

Resposta Correta: A) Azure App Service

Comentário: Azure App Service é uma plataforma gerenciada que permite hospedar APIs, aplicativos móveis e aplicativos web. Ele oferece escalabilidade, segurança e integração com outras ferramentas de desenvolvimento e serviços do Azure, facilitando o gerenciamento de aplicativos em nuvem.

Questão 88: Qual serviço do Azure permite automatizar a implementação de políticas de conformidade em toda a infraestrutura de nuvem?
(ID da Questão: 87778)

A) Azure Policy

B) Azure Monitor

C) Azure Blueprints

D) Azure Security Center

Resposta Correta: A) Azure Policy

Comentário: Azure Policy é um serviço que permite criar, atribuir e gerenciar políticas que garantem que seus recursos estejam em conformidade com os padrões corporativos e regulatórios. Ele automatiza a aplicação de políticas em toda a infraestrutura de nuvem, ajudando a manter a conformidade e a governança.

Questão 89: Verdadeiro ou Falso: Azure Synapse Analytics é uma plataforma unificada de análise de dados que integra big data e data warehousing.
(ID da Questão: 87779)

A) Verdadeiro

B) Falso

Resposta Correta: A) Verdadeiro

Comentário: Azure Synapse Analytics é uma plataforma unificada que combina big data e data warehousing, permitindo a análise integrada de dados em grande escala. Ele oferece ferramentas para análise em tempo real, consultas SQL e integração com serviços de big data, como Apache Spark.

Questão 90: Qual serviço do Azure deve ser utilizado para proteger dados em trânsito entre o datacenter on-premises e a nuvem Azure?

(ID da Questão: 87780)

A) Azure VPN Gateway

B) Azure ExpressRoute

C) Azure Firewall

D) Azure Traffic Manager

Resposta Correta: A) Azure VPN Gateway

Comentário: Azure VPN Gateway oferece uma conexão segura e criptografada entre o datacenter on-premises e a nuvem Azure, garantindo que os dados em trânsito estejam protegidos contra interceptações e outros tipos de ataques.

Questão 91: Verdadeiro ou Falso: Azure Blueprints permite que você defina, implante e mantenha arquiteturas complexas em nuvem, garantindo que os recursos estejam em conformidade com padrões corporativos.

(ID da Questão: 87781)

A) Verdadeiro

B) Falso

Resposta Correta: A) Verdadeiro

Comentário: Azure Blueprints é um serviço que permite definir, implantar e manter arquiteturas complexas na nuvem. Ele facilita a implementação de padrões de conformidade e governança, garantindo que os recursos implantados sigam as diretrizes corporativas e regulatórias desde o início.

Questão 92: Qual serviço do Azure é ideal para mover dados de grandes volumes de dados on-premises para a nuvem de forma segura e eficiente?
(ID da Questão: 87782)

A) Azure Data Box

B) Azure ExpressRoute

C) Azure Data Factory

D) Azure Synapse Analytics

Resposta Correta: A) Azure Data Box

Comentário: Azure Data Box é um serviço que permite mover grandes volumes de dados on-premises para a nuvem de maneira segura e eficiente. Ele oferece dispositivos físicos que podem ser enviados para o local do cliente, onde os dados são carregados e, em seguida, transferidos para o Azure.

Questão 93: Qual dos seguintes serviços do Azure é usado para proteger redes virtuais contra ameaças cibernéticas e aplicar políticas de rede?

(ID da Questão: 87783)

A) Azure Firewall

B) Azure Traffic Manager

C) Azure VPN Gateway

D) Azure DDoS Protection

Resposta Correta: A) Azure Firewall

Comentário: Azure Firewall é um serviço gerenciado que protege redes virtuais no Azure contra ameaças cibernéticas. Ele permite aplicar políticas de rede, filtragem de tráfego e monitoramento de segurança, garantindo que o tráfego autorizado seja permitido e o tráfego malicioso seja bloqueado.

Questão 94: Verdadeiro ou Falso: Azure Application Insights é uma ferramenta para monitoramento de desempenho e detecção de problemas em aplicativos.

(ID da Questão: 87784)

A) Verdadeiro

B) Falso

Resposta Correta: A) Verdadeiro

Comentário: Azure Application Insights é uma ferramenta de monitoramento que fornece insights sobre o desempenho dos aplicativos. Ele ajuda a detectar problemas, rastrear o uso de aplicativos e identificar gargalos de desempenho, facilitando a resolução rápida de problemas.

Questão 95: Qual serviço do Azure é recomendado para hospedar um banco de dados relacional com compatibilidade total com o SQL Server?
(ID da Questão: 87785)

A) Azure Cosmos DB

B) Azure SQL Database

C) Azure Database for MySQL

D) Azure Blob Storage

Resposta Correta: B) Azure SQL Database

Comentário: Azure SQL Database é um serviço de banco de dados relacional totalmente gerenciado e compatível com o SQL Server. Ele é ideal para aplicações empresariais que exigem escalabilidade, segurança e alta disponibilidade.

Questão 96: Qual serviço do Azure pode ser usado para criar e gerenciar redes virtuais em uma infraestrutura de nuvem?
(ID da Questão: 87786)

A) Azure Virtual Network (VNet)

B) Azure Traffic Manager

C) Azure Load Balancer

D) Azure Resource Manager

Resposta Correta: A) Azure Virtual Network (VNet)

Comentário: Azure Virtual Network (VNet) é o serviço fundamental para criar e gerenciar redes virtuais dentro da infraestrutura de nuvem do Azure. Ele permite o controle sobre endereçamento IP, sub-redes e a configuração de regras de segurança para proteger os recursos da rede.

Questão 97: Verdadeiro ou Falso: Azure DDoS Protection oferece proteção específica contra ataques distribuídos de negação de serviço (DDoS).
(ID da Questão: 87787)

A) Verdadeiro

B) Falso

Resposta Correta: A) Verdadeiro

Comentário: Azure DDoS Protection é um serviço especializado em proteger aplicativos e serviços contra ataques DDoS, monitorando o tráfego de rede em tempo real e aplicando automaticamente mitigação quando um ataque é detectado.

Questão 98: Qual serviço do Azure permite criar pipelines de integração e entrega contínua (CI/CD) para automatizar o desenvolvimento e a implantação de software?
(ID da Questão: 87788)

A) Azure DevOps

B) Azure Automation

C) Azure Logic Apps

D) Azure Functions

Resposta Correta: A) Azure DevOps

Comentário: Azure DevOps é uma plataforma completa para gerenciar o ciclo de vida do desenvolvimento de software, incluindo a criação de pipelines de CI/CD para automação do desenvolvimento, testes e implantação de aplicações. Ele facilita a entrega contínua de software de alta qualidade.

Questão 99: Qual dos seguintes serviços do Azure permite que você crie e gerencie uma solução de orquestração de contêineres baseada em Kubernetes?

(ID da Questão: 87789)

A) Azure Container Instances

B) Azure Kubernetes Service (AKS)

C) Azure App Service

D) Azure Functions

Resposta Correta: B) Azure Kubernetes Service (AKS)

Comentário: Azure Kubernetes Service (AKS) é um serviço gerenciado que permite criar, gerenciar e escalar contêineres usando Kubernetes. Ele facilita a orquestração de contêineres em um ambiente de produção, proporcionando alta disponibilidade e escalabilidade.

Questão 100: Verdadeiro ou Falso: Azure Resource Manager (ARM) é a camada de gerenciamento que permite criar, atualizar e excluir recursos no Azure usando templates e scripts.

(ID da Questão: 87790)

A) Verdadeiro

B) Falso

Resposta Correta: A) Verdadeiro

Comentário: Azure Resource Manager (ARM) é a camada de gerenciamento no Azure que permite a criação, atualização e exclusão de recursos usando templates, scripts e ferramentas de automação. Ele garante que todos os recursos em uma solução sejam gerenciados de forma consistente e organizada.

www.ingramcontent.com/pod-product-compliance
Lightning Source LLC
Chambersburg PA
CBHW070847070326

40690CB00009B/1735